Trampoline

Fichier de lecture-compréhension

CP

NOUVELLE ÉDITION 2020

Alain Bondot
Maitre formateur

Christine Chevrier
Maitre formateur

Gisèle Hosteau
Conseillère pédagogique

Cécile Mérigeau
Professeure des écoles

Mon nom :

Cet ouvrage est conforme à la nouvelle orthographe
www.orthographe-recommandee.info

Nathan

Sommaire de l'extrait

	Pages
Programmation générale	3
Vocabulaire des consignes	4
Période 1 : Quelle histoire !	5
Épisode 1	6
Épisode 2	8
Épisode 3	10
Épisode 4	12
Épisode 5	14
Épisode 6	16
Épisode 7	18
Vocabulaire des animaux	20
Écrire une phrase	21
Écouter un autre texte	22
Comptine à écouter	24

- Les périodes 2, 3, 4 et 5 ne sont pas présentes dans cet extrait.
- Un travail spécifique sur la **fluidité en lecture** est mené en période 5 à partir de l'album.
- Un dispositif complet d'**entrainement à la fluence** pour les périodes 2 à 5 est proposé dans le **fichier à photocopier**.

ISBN : 313-3-09-117241-1

Achevé d'imprimer en France par Maury-Imprimeur
N° éditeur : 10261318 - Février 2020

Trampoline

Fichier de lecture-compréhension

CP

NOUVELLE ÉDITION 2020

EXTRAIT

GRATUIT EN TÉLÉCHARGEMENT

- Le guide pédagogique
- Le fichier en version numérique
- Des ressources complémentaires

Nathan

Programmation générale

Périodes	Lecture-compréhension	Vocabulaire Production d'écrit	Étude de la langue
		• Vocabulaire des consignes	
Bonjour le CP !	• Chanson : *L'empereur, sa femme et le p'tit prince* • Comptine : *Saute, saute, sautere le*	• Vocabulaire des jours de la semaine	• Reconnaitre un **texte** et ses différentes **parties**
Période 1 **Quelle histoire !** **Histoire-randonnée :** *Mon chat Ouma* 	• Épisodes 1 à 7 • Écouter un autre texte : *Règle du jeu de l'oie* • Comptine à écouter	• Vocabulaire des animaux • Écrire une phrase	• Identifier les **mots** d'un texte • Repérer les phrases d'un texte en s'appuyant sur la **ponctuation** • Reconnaitre les **noms propres** et les **noms communs**
Période 2 **L'univers des contes** **Conte humoristique :** *Le plus féroce des loups* 	• Épisodes 1 à 8 • Écouter un autre texte : *Une drôle d'histoire* (Théâtre) • D'autres histoires à écouter	• Vocabulaire des contes • Écrire une partie de conte	• Repérer et identifier **les déterminants** • Connaitre **le genre et le nombre des noms** • Identifier **les pronoms** *il* et *elle*
Période 3 **Mystères et enquêtes** **Récit policier :** *Splat, agent secret* 	• Épisodes 1 à 8 • Écouter ou lire un autre texte : *Une bande dessinée* • D'autres histoires à lire ou à écouter	• Vocabulaire du récit policier • Écrire une partie de récit policier	• Connaitre les **synonymes** et les **antonymes** • Identifier un **verbe** d'action
Période 4 **Le monde des sciences** **Texte documentaire :** *Les dinosaures* 	• Épisodes 1 à 8 • Écouter ou lire un autre texte : *Un article de journal* • D'autres textes à lire ou à écouter	• Vocabulaire scientifique • Écrire des devinettes	• Reconnaitre un **verbe** et son **sujet** • Repérer les récurrences des **terminaisons** du présent des **verbes du 1er groupe**
Période 5 **Que d'émotions !** **Récit de vie** *Souvenirs de Gibraltar* 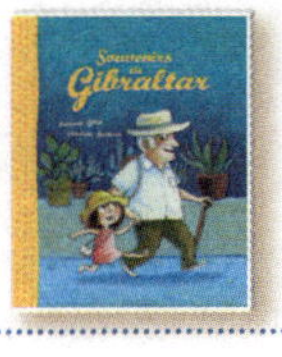	• Épisodes 1 à 8 • Écouter ou lire un autre texte : *Le bonheur*, Paul Fort (Poésie) • D'autres histoires à lire ou à écouter	• Vocabulaire des émotions • Écrire en parlant des émotions	• Identifier **l'adjectif** • Savoir **accorder** l'adjectif **en genre et en nombre** • Connaitre **la chaine d'accords** dans le groupe nominal

Pictogrammes utilisés dans les consignes

Écoute

Observe

Entoure

Dis

Relie

Coche

Dessine

Recopie

Colorie

Barre

Écris

Souligne

Colle

Période 1
Quelle histoire !

Épisode 1 • Histoire p. 2

Écoute cette phrase.

Mon chat Ouma cherche **un endroit** pour dormir.

1 **Entoure** les images qui montrent un **endroit**.

2 **Entoure** la bonne réponse.

Le personnage de l'histoire est :

Il veut :

3 À ton avis, où va dormir Ouma ? **Entoure** cet endroit.

4 **Entoure** le nom du personnage.

Miaou   Olma   Ouma   Oulza   Omau

5 **Écris** ton prénom. N'oublie pas la majuscule !

____

6 **Entoure** les noms de personnes ou de pays.

Ouma • chat • Lili • France • Spiderman • endroit • dormir

7 **Entoure** la couverture de l'histoire. **Souligne** le titre.

8 À l'aide de l'illustration, **décris** où se trouve Ouma au début de l'histoire.

Épisode 2 • Histoire p. 4

Écoute ce texte.

Dans le jardin, Ouma demande à la poule :
– Je peux dormir avec toi ?
– Non, je dors sur **un perchoir**, pas toi.
– Dommage, j'aurais aimé dormir sur un perchoir, dit le chat en partant.

un perchoir

Colorie le mot la **dans le texte.**

1 **Entoure** l'élément sur lequel les animaux sont **perchés**.

2 **Entoure** les personnages de l'épisode.

3 **Entoure** l'endroit où Ouma rencontre la poule.

4 **Entoure** la bonne réponse.

Pourquoi Ouma ne dort-il pas avec la poule ?

À cause du perchoir.

Parce que la poule a peur.

5 **Entoure** la bonne réponse. À ton avis, que ressent Ouma ?

6 À ton avis, que va faire Ouma ? **Colorie** l'image de ton choix.

7 **Entoure** les signes — devant les phrases.

Colorie les paroles d'Ouma dans le texte.

Entoure les majuscules du texte. Laquelle ne débute pas une phrase ?

8 Quel mot de cette liste peut être le prénom de la poule ? **Recopie**-le.

lit • Lili • lilas • ilot • or • lu ____________________

9 **Joue** la scène avec un camarade. L'un est le chat, l'autre la poule.

Épisode 3 • Histoire p. 6

Écoute ce texte.

Dans la cour, Ouma demande au lapin :
– Je peux dormir avec toi ?
– Non, tu ne sauras pas ouvrir la grille du clapier.
– Dommage, j'aurais aimé dormir dans **un clapier**, dit le chat en partant.

un clapier

Colorie le mot le dans le texte.

1 **Entoure** les images sur lesquelles on voit une **cour**.

2 **Entoure** les personnages de l'épisode.

3 **Entoure** l'endroit où Ouma rencontre le lapin.

4 **Entoure** la bonne réponse.

Pourquoi Ouma ne dort-il pas avec le lapin ?

Parce que le clapier est fermé.

Parce que le clapier est trop haut.

5 **Entoure** la bonne réponse. À ton avis, que ressent Ouma ?

6 À ton avis, que va faire Ouma ? **Colorie** l'image de ton choix.

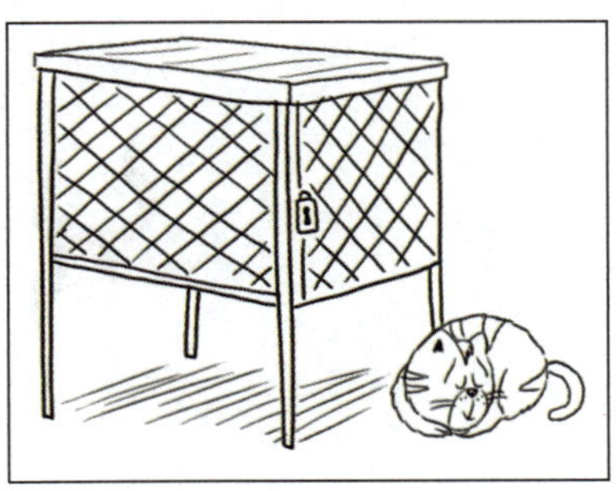

7 **Entoure** les signes qui indiquent que les personnages parlent dans le texte.

Colorie les paroles d'Ouma.

8 **Colorie** les espaces entre les mots de la phrase.

Je peux dormir avec toi ?

Écris le nombre de mots. ______

9 **Joue** la scène avec un camarade. L'un est le chat, l'autre le lapin.

Épisode 4 • Histoire p. 8

Écoute ce texte.

Dans le salon, Ouma demande au perroquet :
– Je peux dormir avec toi ?
– Non, il n'y a pas assez de place dans la cage.
– Dommage, j'aurais aimé dormir dans **une cage**, dit le chat en partant.

une cage

Colorie le mot il dans le texte.

1 **Entoure** les images sur lesquelles on voit une **cage**.

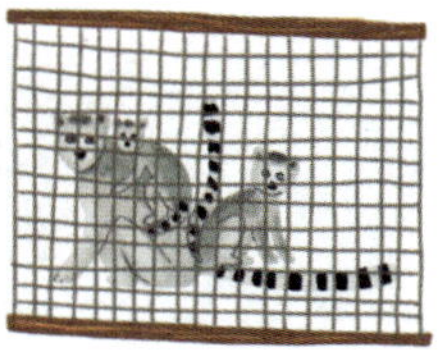

2 **Entoure** les personnages de l'épisode.

3 **Entoure** l'endroit où Ouma rencontre le perroquet.

4 **Entoure** la bonne réponse.

Pourquoi Ouma ne dort-il pas avec le perroquet ?

Parce que le perroquet a peur.

Parce qu'il n'y a pas assez de place.

5 **Entoure** la bonne réponse. À ton avis, que ressent Ouma ?

6 À ton avis, que va faire Ouma ? **Colorie** l'image de ton choix.

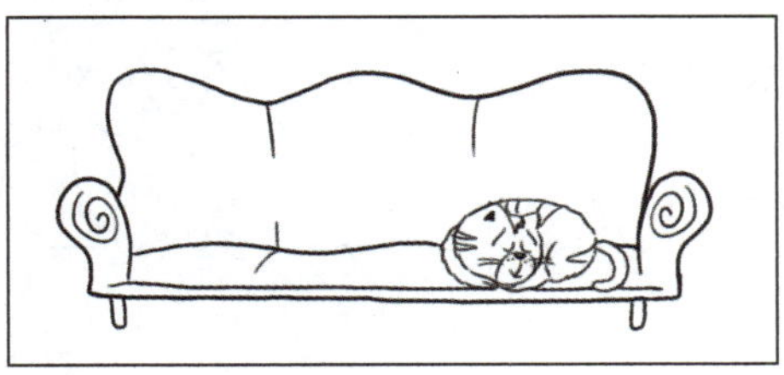

7 Quelle image pourrait illustrer l'épisode ? **Colorie** l'image de ton choix.

8 **Entoure** les paroles du perroquet dans le texte.

9 **Écris** *le* ou *la* devant chaque animal.

______ 

______ 

______ 

______ 

10 **Joue** la scène avec un camarade. L'un est le chat, l'autre le perroquet.

Épisode 5 • Histoire p. 10

Écoute ce texte.

Dans la salle à manger, Ouma demande au poisson :
– Je peux dormir avec toi ?
– Non, réfléchis ! Dans l'eau tu vas te **noyer**.
– Dommage, j'aurais aimé dormir dans l'eau, dit le chat en partant.

Colorie le mot **tu** dans le texte.

1 **Colorie** l'élément du dessin qui représente le mot **noyer** de chaque phrase.

Le loup a failli se **noyer** dans la rivière.

En automne, je cherche les noix sous le **noyer**.

2 **Entoure** les personnages de l'épisode.

3 **Entoure** l'endroit où Ouma rencontre le poisson.

4 **Entoure** la bonne réponse.

Pourquoi Ouma ne dort-il pas avec le poisson ?

Parce qu'il n'y a pas assez de place.

Parce qu'Ouma va se noyer.

5 **Entoure** la bonne réponse. À ton avis, que ressent Ouma ?

6 À ton avis, que va faire Ouma ? **Colorie** l'image de ton choix.

7 **Entoure** ce que dit le poisson dans le texte.

Dans les paroles du poisson, **colorie** les majuscules et les différents points. [.] [!]

8 **Écris** *le* ou *la* devant les mots désignant les lieux de l'histoire.

______ 

______ 

______ 

______ 

9 **Joue** la scène avec un camarade. L'un est le chat, l'autre le poisson.

Épisode 6 • Histoire p. 12

Écoute ce texte.

Dans la chambre, Ouma demande à Momo :
– Je peux dormir avec toi ?
– Non, répond Momo en **bâillant**, tu laisses trop de poils !
– Mais c'est injuste ! Personne ne veut de moi !
dit le chat en partant.

Colorie le mot de dans le texte.

1 **Colorie** les dessins qui vont avec le mot **bâiller**.

2 **Entoure** les personnages de ce texte.

3 **Entoure** l'endroit où Ouma rencontre Momo.

4 Pourquoi Ouma ne dort-il pas avec Momo ? **Colorie** l'image qui le montre.

5 **Entoure** la bonne réponse. À ton avis, que ressent Ouma ?

6 À ton avis, que va faire Momo ? **Colorie** l'image de ton choix.

7 À ton avis, que va faire Ouma ? **Colorie** l'image de ton choix.

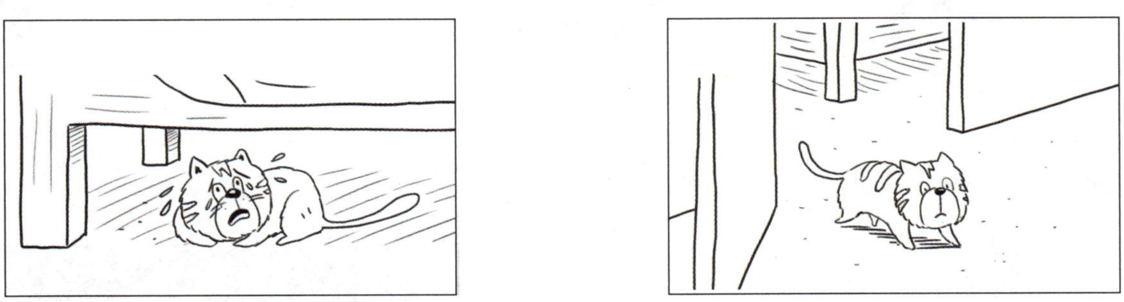

8 **Souligne** le nom du garçon dans le texte. Il est écrit deux fois.

9 **Colorie** les points d'exclamation dans le texte.

Combien y en a-t-il ? Il y en a ________ .

10 Joue la scène avec un camarade. L'un est le chat, l'autre Momo.

Épisode 7 • Histoire p. 14

Écoute ce texte.

Il est tard. Ouma tourne dans la maison.
Raoul, le chien, l'appelle :
– Ouma, viens, je te fais une petite place dans ma **niche**.
Et ils s'endorment tous les deux.

Colorie le mot est dans le texte.

1 **Relie chaque élément à sa niche.**

2 **Entoure les personnages de ce texte.**

3 **Entoure l'endroit où dort le chien Raoul.**

4 **Entoure** la bonne réponse.

À ton avis, que ressent Ouma à la fin de l'histoire ?

5 **Entoure** tous les personnages de cette histoire.

Écris un numéro pour indiquer l'ordre de leur arrivée dans l'histoire.

6 **Dessine** sous chaque image le personnage rencontré et le lieu où il dort.

7 **Entoure** les noms propres.

Ouma • Momo • la poule • le lapin • Raoul • le poisson

Lili • le perroquet • le chat • Pompon • le chien • Coco

8 **Souligne** la dernière phrase dans le texte.

9 **Raconte** l'histoire d'Ouma à l'aide des exercices 5 et 6.

Vocabulaire des animaux

1 **Nomme** les animaux et leur maison.

2 **Relie** chaque animal à sa maison.

un lapin •

• un poulailler

une poule •

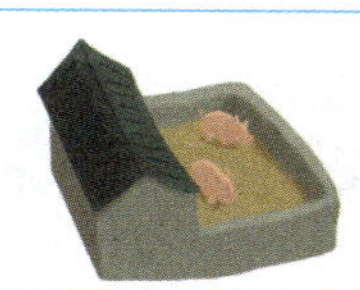

• une porcherie

un loup •

• un clapier

un cochon •

• une tanière

Écrire une phrase

1 Écris une phrase à partir de ces dessins. Aide-toi du tableau.

rat		trou
poule	Le • le	four
loup	La • la	pré
tortue		rue

Le chat dort dans la chambre.

__________ dort dans __________.

⊕ __________ dort dans __________.

2 Dessine ce que dit ta phrase.

Écouter un autre texte

1 Connais-tu ce jeu ? **Explique** comment on fait pour y jouer.

Matériel

- 1 plateau de jeu
- 1 dé
- des pions
- des cartes

Règle du jeu

1. Chaque joueur choisit un pion.
2. Le premier joueur lance le dé. Il avance son pion en comptant autant de cases que de points sur le dé.
3. Si le joueur arrive sur une case avec une oie, il avance à nouveau du même nombre de cases.
4. Si le joueur tombe sur une case bleue, il tire une carte bleue et répond à la question posée. Si la réponse est juste, il avance de 2 cases.
5. Si le joueur tombe sur une case rouge, il recule de 3 cases.
6. Le premier joueur qui arrive sur la case 32 a gagné.

Jeu

2 **Entoure** en bleu la liste du matériel.
Entoure en rouge la règle du jeu.

3 **Barre** l'objet intrus de la liste du matériel.

1 plateau de jeu 

1 sablier 

1 dé 

des pions 

4 **Relie** chaque case avec l'action à faire.

- J'avance à nouveau du même nombre de cases.  2 + 2
- Je réponds à la question posée. 
- Je recule de 3 cases. 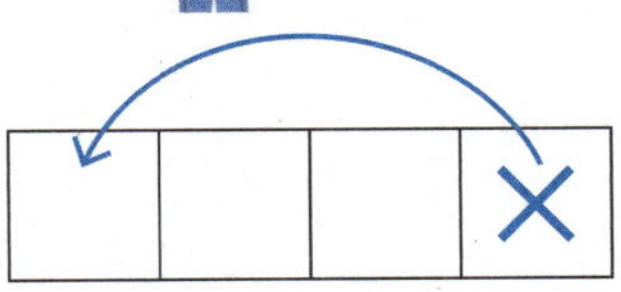

5 **Écoute** les consignes. **Coche** la nouvelle place de ton pion.

Avance de 2 cases. 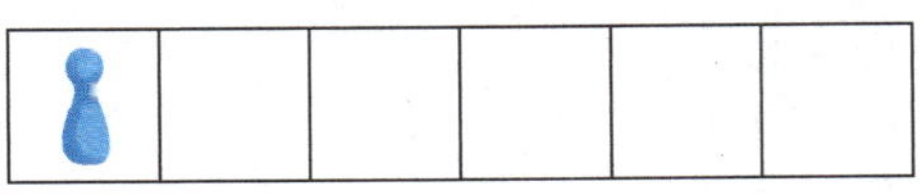

Avance de 4 cases. 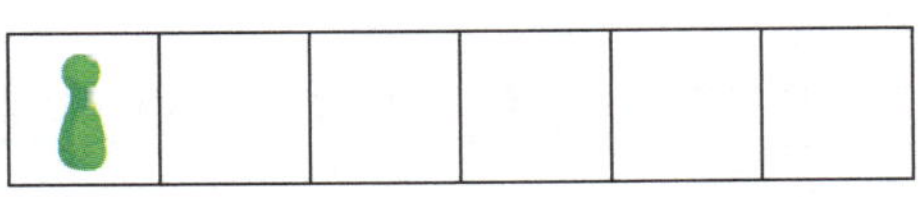

Écris le bon nombre dans la consigne.

Avance de ____ cases. 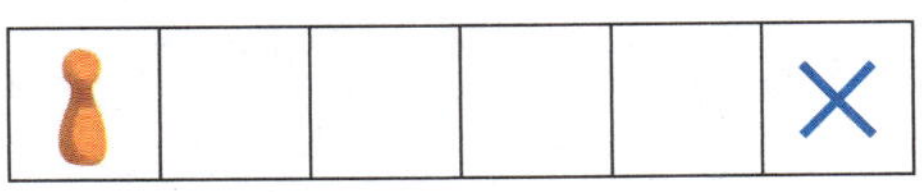

Comptine à écouter

Du lundi au mardi
Se cache la souris
Mais mercredi, le chat
Veut en faire son repas
Arrive jeudi la poule
Avec son œuf qui roule
Vendredi le perroquet
Sur son perchoir apparait
Et samedi le poisson
Tourne dans sa maison
Le dimanche tout le monde
Rit en faisant la ronde.

Numérote les personnages dans l'ordre de leur arrivée dans la comptine.

Méthode de lecture

Trampoline CP

NOUVELLE ÉDITION 2020

Les fichiers de l'élève

Des unités sur chaque graphème, des bilans et des pages consolidation.

Des activités de compréhension sur les 5 albums, du vocabulaire, de la production écrite...

Les outils de l'enseignant

La mise en œuvre des séances et les conseils pour la différenciation.

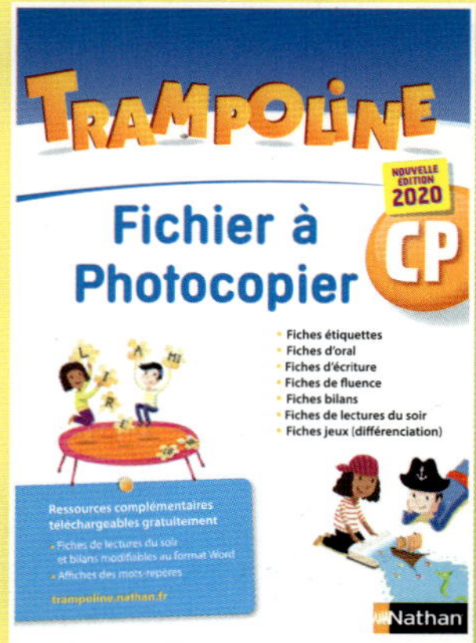

Les lectures du soir, les fiches de fluence et d'écriture, les bilans et les jeux.

Les 5 albums de la méthode

Jack Fontaines
D'après un récit du patrimoine

Sylvie Poillevé
Conte détourné

Rob Scotton
Récit policier

Cécile Jugla
Documentaire

Laurence Gillot
Récit de vie

+ Gratuits
en téléchargement sur
trampoline.nathan.fr

- Guide pédagogique en PDF
- Ressources complémentaires (fiches lectures du soir et bilans modifiables en format Word, affiches mots-repères)
- Version numérique enseignant **Compatibilité tablettes/PC/Mac**
  Les fichiers élève vidéoprojetables avec un espace personnel pour préparer ses cours + le guide pédagogique

Dans la même collection : Trampoline CE1

Code à utiliser pour vos commandes
978-2-09-124344-3
ISBN 313-3-09-117241-1
3 133091 172411

Nathan